LES MATÉRIELS DE L'ARMÉE

GAMD
MIRAGE III

TOME 1

Hervé BEAUMONT

Profils couleurs de Nicolas GOHIN

HISTOIRE & COLLECTIONS

PROTOTYPES ET PRÉSÉRIE

L'aéronautique française a été marquée par l'extraordinaire succès de la famille des Mirage, débuté avec le Mirage III dans les années cinquante et prolongé aujourd'hui par le Mirage 2000. Cette réussite a été fondée sur le génie de Marcel Dassault, remarquablement entouré par des collaborateurs — ingénieurs, techniciens, employés, mécaniciens, ouvriers — aux compétences exemplaires.

Ce premier ouvrage a pour objet de retracer de façon concentrée, la carrière du Mirage III dans l'Armée de l'Air, les spécificités et la chronologie des carrières opérationnelles des versions Mirage III C, Mirage III B, Mirage III R et Mirage III B2 (BR).

Un second tome est consacré aux versions Mirage III E, Mirage III RD, Mirage III BE et Mirage 5F.

Au début des années cinquante, le gouvernement français prit conscience de la nécessité de lancer un programme officiel pour la réalisation d'un avion de combat correspondant aux exigences du contexte géopolitique. Bien que loin de leur apogée, les tensions entre le camp occidental et le camp communiste justifiaient leur prise en compte au plan militaire. En France, l'Armée de l'Air devait pouvoir disposer d'un avion capable d'aligner — a minima — ses performances sur celles des avions étrangers. La qualité principale requise pour un avion de combat était de pouvoir répondre à d'éventuelles menaces aériennes provenant

Ci-dessus.
Premier vol du Mystère Delta, le 25 juin 1955. L'avion avait une dérive de grande taille en forme d'aile delta.
(Dassault Aviation)

de l'Est, particulièrement de l'Union Soviétique. En date du 4 février 1953, le secrétariat d'État aux Forces armées (air) diffusa aux constructeurs français une fiche-programme concernant un nouvel avion de défense aérienne, permettant l'interception rapide de bombardiers stratégiques volant à haute altitude et à haute vitesse. L'intercepteur léger supersonique défini pour un poids de cinq tonnes et une capacité d'altitude de 15 000 m, devait avoir une forte vitesse ascensionnelle et être capable d'atteindre la vitesse de Mach 2. À cette période, les moteurs mis au point par la SNECMA (Société Nationale d'Études et de Construction de Moteurs d'Aviation) ne permettaient pas de telles performances et il apparut nécessaire d'y adjoindre un moteur-fusée d'appoint.

Trois projets concurrents furent retenus par les services officiels : le « Trident » de la SNCASO (Société Nationale de Constructions

Maquette d'études du Mirage III qui laisse deviner les formes de la version de série. *(Dassault Aviation)*

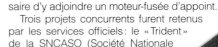

Ci-contre.
Le Mirage III dans sa version initiale, lors d'un vol d'essais, propulsé par un moteur ATAR 101 G2, avec un long croupion et sans ~~les~~ noyaux coniques mobiles « souris ») des entrées d'air.
(Dassault Aviation)

Ci-dessous.
Maquette d'études initiales du Mystère Delta.
(Dassault Aviation)

CARACTÉRISTIQUES MYSTÈRE DELTA

Envergure : 7,32 m
Longueur : 12,80 m
Surface alaire : 27 m²
Masse à vide : 3 300 kg

Masse maximale : 5 600 kg
Vitesse maximale : Mach 1,25
Plafond : 14 600 m

Aéronautiques du Sud Ouest), le « Durandal » de la SNCASE (Société Nationale de Constructions Aéronautiques du Sud Est) et le MD 550 de la GAMD (Générale Aéronautique Marcel Dassault).

LE MYSTÈRE DELTA DEVIENT LE MIRAGE

Le bureau d'études de la GAMD avait étudié, sous la responsabilité technique d'Henri Deplante et de Jean Cabrière, les développements d'un avion à ailes delta. Cette forme de voilure de grande rigidité à forte flèche autorisait une faible épaisseur relative en préservant une épaisseur absolue convenable et par le positionnement reculé du bord de fuite, dispensait l'avion d'empennage horizontal. L'aile delta était très performante à haute altitude et à haute vitesse, mais avait une stabilité relative à basse vitesse, qui imposait à l'atterrissage une forte vitesse d'approche ainsi qu'un fort cabrage.

Le bord de fuite était constitué sur toute sa longueur de gouvernes qui prirent le nom d'« élevons » (contraction d'« elevator » — gouverne de profondeur — et d'aileron — gouverne de gauchissement). La dérive en delta à bord de fuite droit était munie d'un gouvernail de direction.

La GAMD avait reçu un marché d'étude en 1952 pour adapter une aile delta à un intercepteur aboutissant aux projets de « Mystère Delta »

qui avaient par la suite permis la définition du MD 550 biréacteur et du MD 560 mono-réacteur.

Les services officiels avaient écarté la version mono-réacteur et avaient notifié les marchés en date du 22 mars 1954, demandant à la GAMD deux prototypes du Mystère Delta, dont la réalisation fut confiée à Jean Rouault et Philippe Amblard. Le MD 550 01 était propulsé par deux moteurs Armstrong Siddeley « Viper » de 750 kgp de poussée unitaire, modifiés ultérieurement par Joseph Ritzenthaler pour devenir le MD 30 R, avec l'adjonction d'une postcombustion délivrant 960 kgp de poussée. Un moteur-fusée SEPR 66 (Société d'Études de la Propulsion par Réaction) placé sur un châssis fixé sous le croupion de l'avion, permettait une poussée additionnelle de 1 500 kgp pendant 60 secondes. Le MD 550 02 fut abandonné en cours de construction, les réacteurs Turbomeca Gabizo de 1 000 kgp de poussée unitaire qu'il devait recevoir tardant à être mis au point. L'alimentation en air des réacteurs se faisait grâce à deux entrées d'air situées de part de d'autre du fuselage se rejoignant en une manche à air à l'intérieur de celui-ci.

Le premier vol du Mystère Delta fut effectué le 25 juin 1955 par Roland Glavany à Melun-Villaroche avec des moteurs Viper sans postcombustion et sans le moteur-fusée. Les vols d'essais qui suivirent montrèrent la nécessité de modifier la configuration aérodynamique, contraignant au dessin d'une nouvelle dérive en flèche. Ces améliorations permirent en revanche d'atteindre avec le moteur-fusée une vitesse de Mach 1,25 en palier à 40 000 m.

Il apparut rapidement aux services officiels que la doctrine stratégique devait évoluer vers un avion de combat plus sophistiqué de taille plus importante, ayant un rayon d'action plus large, emportant un radar autonome permettant la recherche et l'acquisition de cibles sans l'assistance du contrôle au sol et capable d'emporter des charges.

Ci-contre.
En février 1959, le Mirage III 001 modifié avec les noyaux coniques mobiles des entrées d'air.
(Dassault Aviation)

Le Mirage III A 01 portant la mention « Mach 2 »
à l'avant du fuselage, avec le train auxiliaire initial
et pourvu d'une longue perche anémométrique.
(Dassault Aviation)

Ci-dessus.
Le moteur ATAR 101 G2 qui propulsait
le Mirage III 001. *(Snecma)*

Ci-contre.
Le Mirage III A 01 entouré, à l'arrière et de gauche
à droite, par un réservoir de soute arrière de 380 l
et un châssis moteur-fusée SEPR 841, de part
et d'autre par des bombes de 250 kg et 400 kg
et par des réservoirs mixtes JL 100 R. Au premier
plan, un châssis canons DEFA et un missile
Nord 5103. *(Dassault Aviation)*

Ci-dessous.
Le Mirage III A 02 avant un vol d'essais
avec moteur-fusée. Des prises
de servitudes étaient branchées
sur l'avion. *(Dassault Aviation)*

Ci-dessus.
Le Mirage III A 05 « lisse », au roulage avant un vol d'essais à Melun-Villaroche. L'avion avait reçu un train auxiliaire modifié et un nez lesté signifiant qu'il n'emportait pas de radar. (Dassault Aviation)

Ci-dessous.
Le Mirage III A 04 à Biarritz, équipé de bidons de 625 l. (Dassault Aviation)

La GAMD décida le développement sur ses fonds propres d'un nouvel avion monomoteur aux caractéristiques corrigées, conçu sous la responsabilité de Jean-Jacques Samin, avec un nouveau fuselage en « taille de guêpe », respectant la loi aérodynamique définie par l'ingénieur américain Richard Whitcomb dite « loi des aires », réduisant l'augmentation de la traînée de la zone transsonique, facilitant conséquemment le passage du mur du son.

Ce fuselage permettait de recevoir un moteur plus puissant, le SNECMA ATAR 101 G (Atelier Technique Aéronautique de Rickenbach), délivrant une poussée de 3700 kgp (4400 kgp avec postcombustion), ainsi que les ailes delta présentant une flèche de 60° qui avaient été construites pour le MD 550 02. Le moteur-fusée SEPR 66 était conservé. Le MD 560, baptisé Mirage III, effectua son premier vol à Melun-Villaroche avec Roland Glavany à ses commandes le 17 novembre 1956.

Devenu Mirage III 001, l'avion fut surnommé « Balzac » à la GAMD, en référence à une publicité cinématographique alors en vogue.

Les performances obtenues lors des premières tranches d'essais, notamment l'atteinte d'une vitesse de Mach 1,6 avec les entrées d'air dépourvues de noyaux coniques, convainquirent les services officiels de choisir cet avion. La modification des entrées d'air avec des noyaux coniques mobiles appelés « souris », pour réguler l'alimentation optimale en air du réacteur selon sa vitesse, sa position en vol et son altitude dans toutes les conditions de vol, permirent en septembre 1957 d'atteindre Mach 1,8 en palier avec un réacteur SNECMA Atar 101 G2. Les services officiels de l'État abandonnèrent le Durandal et en mai 1957 signifiaient l'achat du Mirage III à la GAMD, confirmé le 9 juillet 1957 par une commande de 10 avions de pré série dénommés Mirage III A.

LES MIRAGE III A DE PRÉSÉRIE

Les 10 avions de pré série devaient permettre la transition entre le Mirage III 001 et la version de série, chaque avion permettant en parallèle par des essais spécifiques la mise au point de la version définitive. Les missions dévolues à la version finale du Mirage de série reposaient sur la polyvalence :

— L'interception haute altitude (avion ennemi volant à 15000 m à Mach 1,6).

— La chasse armée,

— L'appui tactique.

— L'attaque au sol éloignée.

Le Mirage III A devait intégrer de nouvelles caractéristiques techniques réalisées sous la responsabilité de Philippe Amblard :

1. Un fuselage à taille de guêpe, allongé pour recevoir un réacteur SNECMA ATAR 9 B.

2. Un radar CSF Cyrano I bis (Compagnie générale de télégraphie Sans Fil) placé dans le nez, optimisé pour l'interception et la conduite de tir canon avec télémétrie, de guidage du missile téléguidé Nord 5401 et le tir par illumination du missile Matra R 530.

Le Mirage III A 03 configuré avec un missile Nord 5103 en point ventral. (Dassault Aviation)

Le Mirage III A 06 à l'atterrissage, parachute-frein déployé avec le cône d'extraction à son extrémité. L'avion avait reçu un nez radar dépourvu de perche anémométrique.
(Dassault Aviation)

3. Une centrale gyroscopique et un indicateur sphérique BEZU,

4. Une centrale aérodynamique Crouzet,

5. Un viseur électro-optique CSF 95.

6. Une voilure rigide structurale agrandie, dont le profil dessinait une courbure conique au bord d'attaque, nulle à l'emplanture et croissante jusqu'à l'extrémité de l'aile, les bords d'attaque cambrés comportant une entaille parallèle à l'axe du fuselage.

7. De nouvelles servocommandes sur les trois axes avec de nouvelles aides au pilotage,

8. Un moteur-fusée amovible SEPR 841 délivrant une poussée additionnelle de 1500 kgp pendant une durée de 80 secondes.

Tous les premiers vols des Mirage III A de présérie furent effectués à partir de Melun-Villaroche.

— **Le Mirage III A 01** — surnommé « Honoré » en référence au Mirage III 001 surnommé « Balzac »… — effectua son vol inaugural avec Roland Glavany le 12 mai 1958 et servit à l'exploration des performances, à l'ouverture du domaine de vol et aux expérimentations avec les réservoirs pendulaires. Le 24 octobre 1958, le Mirage III A 01 fut le premier avion européen à atteindre Mach 2 en palier.

— **Le Mirage III A 02** fit son premier vol avec Roland Glavany le 17 février 1959, affecté principalement à l'expérimentation du moteur-fusée SEPR 841 et aux effets de son utilisation sur la cellule.

— **Le Mirage III A 03** vola pour la première fois le 2 mars 1959 avec

CARACTÉRISTIQUES MIRAGE III 001

Envergure : 7,58 m	**Masse à vide :** 4 480 kgp
Longueur : 12,80 m	**Masse maximale :** 6 900 kgp
Hauteur : 4,68 m	**Vitesse maximale :** Mach 1,8
Surface alaire : 29 m²	**Plafond :** 16 500 m.

Roland Glavany et permit de multiples essais d'équipements et d'armements. Le 18 juin 1959, Gérard Muselli établit un nouveau record international de vitesse en circuit fermé sur 100 km à 1762 km/h. Le 15 mai 1963, René Farsy atteignit l'altitude record 25500 m avec l'appoint du moteur-fusée SEPR 841. Le 28 octobre 1968, en panne de moteur en finale à l'atterrissage, le commandant Brossier réussit à s'éjecter et l'avion fut détruit.

— **Le Mirage III A 04** décolla pour la première fois le 6 mai 1959 avec Jean-Marie Saget, et assura les essais des circuits (air, électrique, carburant, hydraulique) et des différents équipements de bord, notamment l'auto-commande, ainsi que les essais du radar CSF Cyrano I.

— **Le Mirage III A 05**, proche de la version de série, fit son premier vol le 10 juin 1959 avec Roland Glavany et mena des essais multiples d'ouverture du domaine de vol avec le radôme destiné au radar CSF Cyrano I bis et de nouvelles commandes de vol. L'avion s'écrasa le 12 octobre 1960, tuant le commandant Blankaert, pilote au CEV (Centre d'Essais en Vol).

Le Mirage III A 08 au décollage, équipé d'un moteur-fusée SEPR 841 pour un vol d'essais avec un missile Matra 511.
(Dassault Aviation)

Ci-dessus. Le Mirage III A 010 au-dessus des contreforts des Alpes, lors d'un vol d'essais et en configuration lisse. *(Dassault Aviation)*

Ci-dessus. Le Mirage III A09 en configuration lisse, doté d'une pointe avant dont la partie avant était en matériaux composites laissant passer les ondes. *(Dassault Aviation)*

— **Le Mirage III A 06**, doté des équipements prévus pour la série, effectua son premier vol le 11 juillet 1959 avec Roland Glavany et fut affecté aux essais de ces équipements dans des conditions proches des missions opérationnelles prévues.

— **Le Mirage III A 07**, doté des équipements de série, vola pour la première fois le 1er novembre 1959 avec René Bigand et permit des essais du moteur-fusée SEPR 841, des essais aérodynamiques, des essais de vrilles et des essais moteurs.

CARACTÉRISTIQUES
MIRAGE III A 001

Envergure : 8,22 m	**Masse maximale :**
Longueur : 14,20 m	7 975 kg
Hauteur : 4,25 m	**Vitesse maximale :**
Surface alaire : 34 m²	Mach 2
Masse à vide : 5 340 kg	**Plafond :** 18 000 m

— **Le Mirage III A 08** décolla pour la première fois le 22 juillet 1959 avec Jean-Marie Saget et fut affecté aux essais d'armements et de missiles, d'aérodynamique et du radar CSF Cyrano I bis.

— **Le Mirage III A 09** fit son premier vol le 19 septembre 1959 avec René Bigand et permit des essais d'armements pour la mesure de leurs effets aérodynamiques et des essais de radar.

— **Le Mirage III A 010** vola pour la première fois le 15 décembre 1959 avec Élie Buge et fut affecté au CEAM (Centre d'Expériences Aériennes Militaires) pour la mise au point des conditions et des procédures pour l'utilisation opérationnelle, puis réalisa des essais de moteurs SNECMA ATAR 9.

Le Mirage III A 07 au roulage à Istres, en mars 1961. L'avion était doté d'un nez lesté avec perche anémométrique et, sous le poste de pilotage, d'un radôme d'essais pour le radar Doppler qui devait équiper les Mirage III E. *(Dassault Aviation)*

Mirage III C 1961-1988

LES SPÉCIFICATIONS DU MIRAGE III C

Les principales clauses techniques du Mirage III C (C pour «Chasse») en date du 15 avril 1959 étaient les suivantes:

1. Un fuselage de structure classique comprenant:

— Une pointe avant démontable couvrant le radar CSF Cyrano I bis, qui assurait la recherche du but, la distance et la direction du but pour le tir air-air ou pour le tir de missiles, l'éclairage du but et le guidage du missile,

— Un baquet pilote pressurisé et conditionné, intégrant:

— Un viseur électro optique CSF 95 permettant le tir de missiles, des canons et de roquettes en air-air et en air-sol,

— Une télécommande manuelle pour le tir des missiles air-sol Nord 5103 et Nord 5401,

— Un radio compas CSF,

— Une centrale aérodynamique et une centrale gyroscopique,

— Une verrière basculante et éjectable,

— Un siège éjectable Martin Baker Mk 4 AM 4, à commande en rideau ou basse en secours (éjection minimale à 0 m et à 185 km/h),

— Le logement du train auxiliaire,

— Un châssis inférieur avant amovible, composé de deux canons DEFA 552 (Direction des Études et Fabrication d'Armements) de 30 mm (125 obus chacun, cadence 1 200 coups/mn), ou un réservoir de soute contenant 150 litres de combustible TX (mélange de 60 % de Triethylamine et de 40 % de Xylidine) pour le moteur-fusée, ou un réservoir de soute contenant 325 litres de carburant,

— Deux entrées d'air latérales à noyau conique mobile, situées de part et d'autre du fuselage, se rejoignant dans une manche à air centrale à l'intérieur de celui-ci.

— Des réservoirs de carburant,

— Le cadre d'attache principal de voilure,

— Le logement du moteur,

— Le cadre d'attache de dérive et un croupion démontable portant le logement du parachute de freinage,

— Un châssis arrière amovible largable en vol, comprenant le moteur-fusée SEPR 841 délivrant une poussée additionnelle de 1 500 kgp pendant 80 secondes, alimenté avec un mélange de combustible TX et de comburant (acide nitrique), ou un réservoir amovible de carburant de 380 litres en soute arrière, comportant une quille verticale pour la stabilité en lacet.

La chaîne de montage du fuselage des Mirage III C à Argenteuil.
(Dassault Aviation)

2. La voilure en flèche à 60°, en position basse par rapport au fuselage, présentait un dièdre négatif de 1° et se fixait au fuselage par une attache principale et par trois attaches auxiliaires, qui comportait :

— Un bord d'attaque à cambrure conique progressive de l'emplanture à son extrémité, avec une entaille au bord d'attaque parallèle à l'axe du fuselage,

— Un caisson intégré dans chaque demi-voilure servant de réservoir de carburant en structure intégrale,

— Le logement du train principal et les logements des aérofreins d'extrados et d'intrados,

— Deux élevons externes actionnés chacun par une servocommande double corps,

— Un élevon interne de profondeur, actionné par une servocommande située dans le fuselage.

3. La dérive avec une forme en delta à 63°, pourvue d'une antenne de lever de doute du radio compas à sa base et un bord de fuite droit,

Le Mirage III C n° 13 doté d'une pointe radar avant et emportant en point ventral un missile Matra R 530.
(Dassault Aviation)

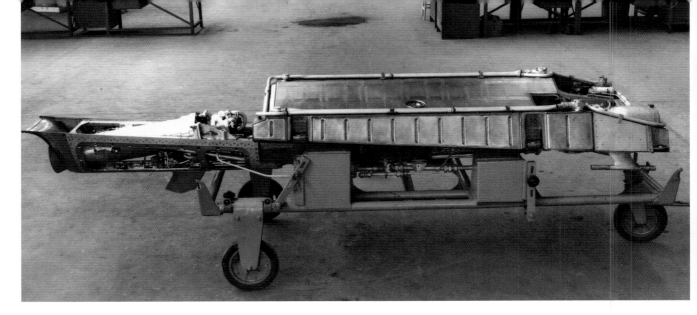

Ci-dessus.
Le châssis moteur-fusée SEPR 841 avec la tuyère à gauche dans le prolongement du réservoir d'acide nitrique. (SEP)

comprenant un longeron principal et deux longerons auxiliaires, un gouvernail de direction actionné par une servocommande.

4. Un train d'atterrissage tricycle manœuvré hydrauliquement, comprenant deux atterrisseurs principaux munis de freins de type servo freinage rentrant à plat dans la voilure, les roues prenant place dans le fuselage et un atterrisseur avant rentrant vers l'arrière ainsi que des trappes obturant tous les caissons des atterrisseurs.

5. Un parachute de freinage à commande mécanique permettant une ouverture jusqu'à 350 km/h.

6. Un réacteur SNECMA ATAR 9 B3.

Les services officiels de l'État avaient passé un marché avec la GAMD en date du 26 septembre 1957, portant sur une commande de cent Mirage III A dotés du radar GAMD « Aïda ». Ce marché fut modifié en date du 5 août 1958 puis du 10 octobre 1958 pour une commande de cent Mirage III C équipés du radar CSF Cyrano I bis. Sur ces cent avions, il était prévu que cinq d'entre eux seraient transformés pour le développement des autres versions du Mirage III.

En effet, l'État-major de l'Armée de l'Air prévoyait une commande globale de près de 556 Mirage III, nombre ultérieurement ramené à 300, qui seraient déclinés en plusieurs autres versions : biplace, polyvalence/interception tout temps et reconnaissance.

La fabrication des Mirage III fut réalisée dans les différentes usines de la GAMD : Argenteuil pour le fuselage, Talence pour la dérive et

Ci-dessus.
Mise en place du châssis moteur-fusée SEPR 841 sous le Mirage III C n° 2. *(Dassault Aviation)*

Ci-contre.
Le Mirage III C n° 1 permettant de voir une pointe avant lestée dite «fausse pointe», ainsi que l'angle de la voilure en delta et le fuselage en «taille de guêpe». *(Dassault Aviation)*

Le premier Mirage III C de série portant son numéro sur le fuselage en configuration lisse, doté d'une pointe avant lestée prolongée par une longue perche anémométrique. *(Dassault Aviation)*

Bordeaux-Mérignac pour l'assemblage final et les vols d'essais et de réception.

Suivant les recommandations de l'État, qui voulait privilégier une construction nationale, d'autres entreprises industrielles furent impliquées dans la fabrication du Mirage III, principe qui allait perdurer pour les versions suivantes :

— La voilure par la SNCAN (Société Nationale de Construction Aéronautique du Nord).

— Le moteur ATAR 9 B3 par la SNECMA.

— Le moteur-fusée par la SEPR.

— Le train d'atterrissage par Messier.

La fabrication du Mirage III C, comme celle des autres versions du Mirage III, impliqua de nombreuses autres entreprises pour l'ensemble des matériels et équipements, parmi lesquelles Labinal, Jaeger, Bronzavia, Sfena, Aerazur, Intertechnique, Alkan, Le Bozec, Superflexit, Omera, Air Équipement, Boussois, Bezu, Elecma, Secan, Triplex, Souriau, Crouzet, CSF, etc.

Le plan de charge des livraisons fut progressif à partir d'octobre 1960, passant d'un à trois avions par mois, puis de trois à six et enfin de six à neuf à partir d'octobre 1961, cadence maximale.

Le premier Mirage III C de série, portant le n° 1, effectua son premier vol le 8 octobre 1960 avec Jean Coureau aux commandes, la série étant numérotée de 1 à 95.

La chaîne d'assemblage
final des Mirage III C
à Bordeaux-Mérignac.
(Dassault Aviation)

Ci-dessus.
Après avoir déposé la pointe avant, un mécanicien réglait le radar CSF
Cyrano I bis d'un Mirage III C. *(Dassault Aviation)*

Ci-contre.
Le Mirage III C n° 3 doté d'une fausse pointe avant, configuré avec
des missiles AIM 9B Sidewinder au point externe sous voilure avec,
de gauche à droite: un réservoir pendulaire de 1 300 l, un réservoir
pendulaire de 625 l, un réservoir mixte JL 100 R et une poutre supportant
deux bombes STRIM de 400 kg. Devant l'avion, un missile Matra 511,
un châssis canons DEFA 552, un missile Matra R 530, un missile Nord
5103 et un missile Nord 5401. *(Dassault Aviation)*

17

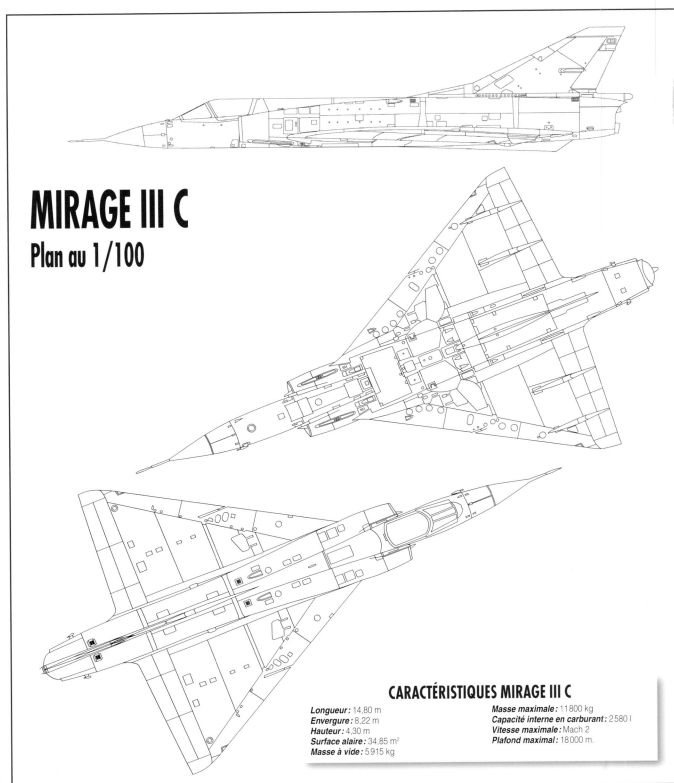

MIRAGE III C
Plan au 1/100

CARACTÉRISTIQUES MIRAGE III C

Longueur : 14,80 m
Envergure : 8,22 m
Hauteur : 4,30 m
Surface alaire : 34,85 m²
Masse à vide : 5 915 kg

Masse maximale : 11 800 kg
Capacité interne en carburant : 2 580 l
Vitesse maximale : Mach 2
Plafond maximal : 18 000 m.

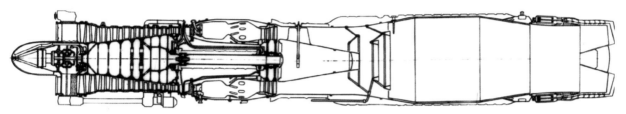

ATAR 09 B2

SNECMA ATAR 9 B*

Turboréacteur à compresseur axial mono corps mono flux avec postcombustion, avec d'avant en arrière : un compresseur à neuf étages, une chambre de combustion annulaire, une turbine à deux étages, des injecteurs de postcombustion, un canal de postcombustion et une tuyère à section variable à deux volets.
Vitesse de rotation : 8 400 tr/mn

Longueur : 6,67 m
Diamètre : 1,02 m
Poids : 1 360 kg
Poussée à sec : 4 330 kgp
Poussée avec postcombustion :
6 080 kgp. * La dénomination était suivie d'un numéro correspondant aux améliorations techniques successives dont la version avait bénéficié au fil du temps.

EMPORTS ET ARMEMENTS DU MIRAGE III C

Le Mirage III C était pourvu de cinq points d'emports :

POINT VENTRAL
- poutre bi-bombe STRIM jusqu'à 400 kg,
- missile air-sol Nord 5103 AS 20,
- missile air-sol Nord 5401 AS 30,
- conteneur photo RP1P (avions de l'EC 3/10 « Vexin »),
- missile air-air Matra 511,
- missile air-air Matra 530.

Ci-dessus.
Un missile Nord 5103 AS 20 au point ventral sous un Mirage III C.
(Dassault Aviation)

Ci-contre.
Missile Nord 5401 AS 30.
(Dassault Aviation)

POINT INTERNE SOUS VOILURE (GAUCHE ET DROIT)

- réservoir pendulaire supersonique non largable de 500 l,
- réservoir pendulaire largable de 625 l,
- réservoir pendulaire largable de 1 300 l,
- réservoir mixte GAMD JL 100 R avec un lance roquettes dans sa partie avant (18 roquettes SNEB de 68 mm), prolongé par un réservoir de 250 l à l'arrière.

POINT EXTERNE SOUS VOILURE (GAUCHE ET DROIT)

- missile air-air AIM Sidewinder 9B,
- missile air-air Matra R 550 Magic 1 (avions de l'EC 3/10 « Vexin »).

Ci-dessus.
Missile Matra 511 au point ventral sous un Mirage III C.
(Dassault Aviation)

Ci-contre.
Missile Matra R 530 au point ventral sous un Mirage III C.
(Dassault Aviation)

MISSILE NORD 5103 AS 20

De forme cylindrique avec quatre ailettes de stabilisation cruciformes et comportant deux tuyères latérales, l'AS 20 était propulsé par un combustible solide, emportait une charge explosive de 36 kg et pouvait atteindre Mach 1,7 pour une portée de 7 km. Son guidage était assuré par télécommande manuelle. Ses dimensions étaient: 2,60 m de longueur, envergure de 0,80 m, pour un poids de 143 kg.

MISSILE NORD 5401 AS 30

De forme cylindrique avec deux étagements cruciformes alignés de quatre ailettes de stabilisation et de gouvernes de contrôle, l'AS 30 était propulsé par un combustible solide, emportait une charge explosive de 250 kg pour une portée de 11 km et pouvait atteindre Mach 1,6. Son guidage était assuré par télécommande manuelle ou automatique. Ses dimensions étaient: 3,89 m de longueur, envergure de 1 m, pour un poids de 520 kg.

Ci-dessus.
Missile AIM-9B Sidewinder sur son pylône d'emport au point externe sous la voilure du Mirage III C n° 3. *(Dassault Aviation)*

Ci-dessous.
Missile Matra R 550 Magic 1. *(DR/collection H. Beaumont)*

En point ventral, sous le Mirage III A 03, un conteneur permettant de tracter une cible au bout d'un filin que l'on aperçoit ici, plié dans la partie arrière. *(Dassault Aviation)*

MISSILE MATRA R 511

De forme cylindrique avec deux ailettes de stabilisation à l'avant et trois ailettes à l'arrière, le R 511 était propulsé par un combustible solide, emportait une charge explosive de 25 kg et pouvait atteindre Mach 1,8 pour une portée de 7 km.

Son guidage était assuré par un autodirecteur semi-actif électromagnétique. Ses dimensions étaient : 3,09 m de longueur, envergure de 0,90 m pour un poids de 184 kg.

MISSILE MATRA R 530

De forme cylindrique avec deux étagements alignés d'ailettes de stabilisation au milieu et de gouvernes de contrôle à l'arrière, le R 530 était propulsé par un combustible solide, emportait une charge explosive de 27 kg et pouvait atteindre Mach 2,7 pour une portée de 18 km. Son guidage pouvait être assuré par un autodirecteur électromagnétique semi-actif (EM) ou par un autodirecteur infrarouge (IR). Ses dimensions étaient : 3,28 m en longueur, envergure de 0,66 m pour un poids de 195 kg.

MISSILE AIM (AIR INTERCEPT MISSILE) 9B SIDEWINDER*

De forme cylindrique comportant une tête transparente, avec à l'avant un étagement cruciforme de gouvernes de contrôle à l'avant et à l'arrière quatre ailettes de stabilisation, le missile à autodirecteur infrarouge était propulsé par un combustible solide, emportait une charge explosive de 4,5 kg et pouvait atteindre Mach 2,5 pour une portée de 3,3 km. Ses dimensions étaient : 2,83 m en longueur, envergure de 0,69 m pour un poids de 72 kg. *Les américains avaient donné ce surnom du missile, suivant une trajectoire non rectiligne laissant une traînée blanche, en référence au serpent à sonnettes qui se déplace latéralement en ondulant.

MISSILE MATRA R 550 MAGIC 1

De forme cylindrique avec trois étagements cruciformes alignés : des ailettes de stabilisation et des gouvernes de contrôle à l'avant et des ailettes de stabilisation à l'arrière, le missile à autodirecteur infrarouge était propulsé par un combustible solide, emportait une charge explosive de 12,5 kg et pouvait atteindre Mach 2,5 pour une portée de 6 km. Ses dimensions étaient : 2,70 m en longueur, envergure de 0,65 m pour un poids de 88 kg.

LA MISE EN SERVICE
DU MIRAGE III C EN UNITÉS

Avant 1961, les moyens aériens tactiques dépendaient du 1er Commandement Aérien TACtique (1er CATAC), jusqu'à la création du Commandement des Forces Aériennes Tactiques (CFAT) en février 1961. Le 1er mai 1964, le CFAT et le Commandement de la première Région Aérienne (1re RA) fusionnaient, puis en juillet 1965, à la création du commandement du CFAT et de la 1re RA, la Force Aérienne TACtique (FATAC) assurait le regroupement des avions de combat offensifs anti forces de l'Armée de l'Air.

Tous les escadrons équipés de Mirage III C avaient pour missions principales:

— La défense aérienne du territoire, par la détection et par l'évaluation des menaces aériennes.

— L'interdiction et l'interception des menaces aériennes et si nécessaire leur destruction par la mise en œuvre des armements.

— L'attaque au sol en mission secondaire.

Pour assurer la capacité opérationnelle des moyens, un très haut niveau d'entraînement était consacré à:

— L'alerte permanente d'interception,

— L'interception tout temps à haute altitude,

— Les campagnes fusée,

— Les campagnes de tir canons et de tir de missiles air-air et air-sol (à Cazaux, Suippes, Solenzara ou Epagny),

— La participation aux multiples exercices et compétitions de l'Armée de l'Air et de l'OTAN (Organisation du Traité de l'Atlantique Nord, en qualité de participants «hors concours» à partir de la mi 1966).

— Les échanges d'escadrons.

2e ESCADRE DE CHASSE DE DIJON-LONGVIC

Au roulage à Dijon, avant une mission, le Mirage III C n° 24, équipé de réservoirs pendulaires de 1300 l sous voilure et avec sur sa dérive le blason de la province d'Alsace, insigne de l'Escadron 3/2 «Alsace», de grande taille. (DR/Collection H. Beaumont)

L'État-Major de l'Armée de l'Air avait choisi l'affectation des premiers Mirage III C à la 2e Escadre de Chasse, pour des raisons géographiques. Compte tenu de la mission d'interception d'avions ennemis venant de l'Est, l'implantation des unités de Mirage III C allaient conséquemment se situer sur la façade est de la France.

Les Mirage III C gardèrent leur livrée aluminium tout au long de leur utilisation opérationnelle, à l'exception des Mirage III C de la 10e Escadre de Chasse, qui reçurent, à partir de 1975 au gré des visites d'entretien majeures, une livrée bleue de supériorité aérienne identiques à celle des Mirage F1C et F1 C200 plus adaptée à la haute altitude.

ESCADRON DE CHASSE 1/2 « CIGOGNES »

Insignes :
— 1re Escadrille : SPA 3 « Cigogne à l'envol ailes baissées », dite « de Guynemer »,
— 2e Escadrille : SPA 103 « Cigogne aux ailes relevées » dite « de Fonck ».
Mirage III C codés : 2-EA, 2-EB,...
À partir de février 1961, les mécaniciens et les pilotes qui

allaient mettre en œuvre les Mirage III C suivirent les stages de transformation au CEAM de Mont-de-Marsan, puis les premiers avions arrivèrent en juillet 1961 à l'EC 1/2 «Cigognes». La mise au point du radar CSF Cyrano I bis étant plus complexe que prévue, les premiers Mirage III C étaient dépourvus de ce radar et avaient été livrés avec une pointe avant lestée dite «fausse pointe».

Au début de son utilisation et de sa mise au point opérationnelle, le Mirage III C et ses équipements entièrement nouveaux connurent de multiples indisponibilités : problèmes de radar, de compresseur du moteur et de postcombustion et problèmes d'atterrisseurs, qui s'atténuèrent aux prix de multiples modifications au début de 1962, permettant ainsi d'assurer la mission d'alerte permanente d'interception et de défense aérienne.

L'escadron reçut la mission MIREX (MIRage EXperimentation) destinée à la mise au point des procédures opérationnelles de vol, de mise en œuvre et de maintenance pour le Mirage III C, qui permit de mettre en exergue la technique spécifique du pilotage d'un avion à ailes delta, notamment la vitesse importante et le fort cabrage à l'atterrissage.

L'EC 1/2 «Cigognes» utilisa le Mirage III C jusqu'à la fin de 1968.

Le Mirage III C n° 39 de l'EC 2/2 «Côte-d'Or» lors d'un salon du Bourget, doté d'une pointe avant lestée et présentant des réservoirs mixtes JL 100 R aux points internes sous voilure et, posée au sol, une maquette de missile AIM-9B Sidewinder. (DR/ Collection H. Beaumont)

Ci-dessus.
Le Mirage III C n° 49 en configuration lisse avec, sur sa dérive, l'insigne de l'« Alsace » de petite taille. *(DR/ Collection H. Beaumont)*

Ci-contre.
Le Mirage III C n° 53 avec des réservoirs pendulaires supersoniques de 500 l au point interne sous voilure. Les aérofreins étaient légèrement ouverts. *(DR)*

ESCADRON DE CHASSE 3/2 « ALSACE »

Insigne: Blason de la province
Mirage III C codés : 2-LA, 2-LB,...

Cet escadron reçut ses premiers avions en décembre 1961 et leur montée en puissance s'étala sur le premier semestre. Les missions de l'escadron étaient en tout point identiques à celles de l'EC 1/2 « Cigognes ».

L'EC 3/2 « Alsace » opéra avec le Mirage III C jusqu'en avril 1968.

ESCADRON DE CHASSE 2/2 « CÔTE-D'OR »

Insignes:
— 1ʳᵉ Escadrille: SPA 65 « Griffon noir » (habituellement appelé « Chimère »),
— 2ᵉ Escadrille: SPA 57 « Goéland blanc en vol, vu de trois quarts arrière » Mirage III C codés : 2-FA, 2-FB,...

Cet escadron se vit attribuer des Mirage III C en avril 1965, en provenance des autres escadrons de la 2ᵉ Escadre de Chasse et de l'EC 1/13 « Alpes ». Cette affectation devait permettre des vols en solo dans le cadre de la transformation opérationnelle des pilotes sur avion à ailes delta au sein de cette unité, qui était principalement équipée de biplaces Mirage III B.

En 1972, L'ECT 2/2 « Côte-d'Or » fut complété par une 3ᵉ Escadrille qui prit les traditions de la SPA 94 (« Mort qui fauche ») et abandonna ses Mirage III C fin octobre 1975.

Vol à très basse altitude
du Mirage III C n° 8
de l'EC 2/2 « Côte-d'Or»,
équipé de réservoirs
de 600 l. *(B. Regnier)*

13ᴱ ESCADRE DE CHASSE DE COLMAR-MEYENHEIM

La transformation des personnels de la 13ᵉ Escadre de Chasse, se fit au CEAM de Mont-de-Marsan à partir de décembre 1961.

ESCADRON DE CHASSE 1/13 « ARTOIS »

Insignes:
— 1ʳᵉ Escadrille: SPA 83 « Griffon (chimère ailée) noir sur disque rouge »,
— 2ᵉ Escadrille: SPA 100 « Hirondelle en vol cabré ».
Mirage III C codés: 13-QA, 3-QB,...

L'escadron reçut ses deux premiers Mirage III C à partir de mars 1962 pour emplir des missions principales de défense aérienne. L'EC 1/13 « Artois » utilisa le Mirage III C jusqu'en avril 1965.

ESCADRON DE CHASSE 2/13 « ALPES »

Insignes:
— 1ʳᵉ Escadrille: « Chevalier Bayard sur cheval gris »,
— 2ᵉ Escadrille: « Chevalier Bayard sur cheval bai ».

Mirage III C codés: 13-PA, 13-PB,...

C'est à partir d'avril 1962 que débuta la transformation sur Mirage III C des personnels de cet escadron. Les premiers avions arrivèrent à Colmar à partir de mai 1962 et furent victimes de problèmes rencontrés avec le réacteur Atar 9 B3, qui réduisirent l'activité.

L'EC 2/13 « Alpes » utilisa le Mirage III C en février 1965.

L'arrivée de la version Mirage III E dans les unités précédemment équipées en Mirage III C, permit l'affectation de ces avions aux escadrons des 5ᵉ et 10ᵉ Escadres de Chasse, qui dépendaient du Commandement Air des Forces de Défense Aérienne, le CAFDA. Ces unités assuraient jusqu'alors des missions d'interception et de défense aérienne avec des GAMD Super Mystère B2.

Ci-dessous.
À Colmar, le Mirage III C n° 85 de l'EC 2/13 « Alpes », équipé de réservoirs pendulaires de 625 l. *(DR/collection H. Beaumont)*

En bas.
Le Mirage III C n° 39 de l'EC 1/13 « Artois » porteur de l'insigne de la SPA 100 et avec des réservoirs mixtes JL 100 R, dont la pointe avant était encore revêtue d'un cache de protection. *(DR/collection H. Beaumont)*

Ci-dessus.
Le Mirage III C n° 79 de l'EC 2/13 « Alpes »
en configuration lisse. *(Dassault Aviation)*

Le Mirage III C n° 70 de l'EC
2/13 « Alpes » au roulage avant
une mission. L'avion portait sous sa
voiture des réservoirs pendulaires
de 625 l aux points internes et
des pylônes de missiles AIM 9B
Sidewinder aux points externes.
(DR/Collection H. Beaumont)

Ci-dessus.
Patrouille serrée au-dessus de la plaine
d'Alsace des Mirage III C n° 69 et n° 74
de l'EC 1/13 «Artois» emportant des
réservoirs de 625 l. Le n° 74 ne portait pas
encore d'insigne d'escadron sur sa dérive.
(DR/Collection H. Beaumont)

Ci-dessous.
Le Mirage III C n° 62 de l'EC 1/5
« Vendée », configuré avec des réservoirs
pendulaires de 625 l. L'avion provenait
de l'EC 2/13 «Alpes», comme en
témoignaient les traces effacées de
l'insigne d'escadron et de l'ancien code
« 13PK». *(DR/collection J. Delcloo)*

5ᵉ ESCADRE DE CHASSE D'ORANGE-CARITAT

ESCADRON DE CHASSE 1/5 « VENDÉE »

Insignes :
— 1ʳᵉ Escadrille : SPA 124 « Buste de Jeanne d'Arc »,
— 2ᵉ Escadrille : SPA 26 « Cigogne aux ailes allongées » dite « de Saint Galmier ».
Mirage III C codés : 5-NA, 5-NB,...

À partir d'avril 1966, les personnels rejoignirent l'EC 2/2 « Côte-d'Or » pour leur transformation sur Mirage III C. Les avions de l'escadron furent opérationnels à partir de septembre 1966 et le « Vendée » utilisa le Mirage III C jusqu'en juillet 1974.

ESCADRON DE CHASSE 2/5 « ÎLE DE FRANCE »

Insigne : Blason de la province
Mirage III C codés : 5-OA, 5-OB,...

L'escadron prit en compte ses Mirage III C entre décembre 1966 et février 1967. L'« Île de France » utilisa le Mirage III C jusqu'en juillet 1975.

Ci-dessus.
Le Mirage III C n° 83 de l'EC 1/5 « Vendée » à moyenne altitude, avec des réservoirs pendulaires supersoniques de 500 l aux points internes sous voilure. *(B. Regnier)*

À Orange, le Mirage III C n° 60 de l'EC 1/5 « Vendée » configuré avec des réservoirs pendulaires supersoniques de 500 l. *(DR/collection H. Beaumont)*

Ci-dessus.
Passage à basse altitude du Mirage III C n° 83 de l'EC 1/5 «Vendée» au-dessus d'Orange, emportant des réservoirs pendulaires supersoniques de 500 l. *(DR/collection H. Beaumont)*

Ci-contre.
Le Mirage III C n° 49 de l'EC 2/5 «Île de France» en vol emportant des réservoirs pendulaires supersoniques de 500 l. *(DR/Collection H. Beaumont)*

Le Mirage III C n° 55 de l'EC 2/5 «Île de France» en configuration lisse au départ d'une mission depuis sa base d'Orange. *(DR/collection H. Beaumont)*

10ᵉ ESCADRE DE CHASSE DE CREIL

ESCADRON DE CHASSE 2/10 « SEINE »

Insignes :
— 1ʳᵉ et 2ᵉ Escadrilles : Insigne du « Cercle de Chasse de Paris » (cercle jaune liseré moitié de bleu, moitié de rouge portant un coq blanc et la mention « Cercle de Chasse de Paris »).
Mirage III C codés : 10- RA, 10-RB,...
L'escadron se transforma à l'EC 2/2 « Côte-d'Or » au dernier trimestre de 1968, les Mirage III C arrivant entre décembre 1968 et janvier 1969. Le « Seine » utilisa le Mirage III C jusqu'en en juin 1985.

ESCADRON DE CHASSE 1/10 « VALOIS »

Insignes :
— 1ʳᵉ Escadrille : SPA 84 « Tête de renard »
— 2ᵉ Escadrille : SPA 93 « Canard passant au naturel ».
Mirage III C codés : 10-SA,...10-SB,...

L'escadron ne fut transformé sur Mirage III C qu'à partir d'août 1974, héritant d'avions provenant de la 5ᵉ Escadre de Chasse qui préparait alors sa transition sur Mirage F1C. L'EC 1/10 « Valois » utilisa le Mirage III C jusqu'en juin 1981.

Ci-dessous.
À Creil, départ imminent en mission du Mirage III C n° 89 de l'EC 2/10 « Seine » en configuration lisse. *(Dassault Aviation/E. Moreau)*

ESCADRON DE CHASSE 3/10 « VEXIN »

Insignes :
— 1ʳᵉ Escadrille : ERC 3/561 « Mousquetaire gris, rapière en main, sur écusson jaune »,
— 2ᵉ Escadrille : ERC 4/561 « Mousquetaire bleu et noir, rapière en main, sur écusson jaune ».
Mirage III C codés : 10-LA,...10-GB,...

Constitué en septembre 1968 et rattaché à la 10ᵉ Escadre de Chasse, cet escadron utilisa à partir de 1978 les seuls Mirage III C portant un camouflage « désertique » composé de deux tons brun et sable — ou « chocolat vanille » —, afin de s'adapter à leur théâtre d'opérations spécifique situé à Djibouti et dans la corne de l'Afrique, où il devait assurer des missions de police du ciel de ce territoire hautement stratégique.
Les avions arrivèrent entre novembre et décembre 1978 et remplacèrent les North American F-100D et F Super Sabre de l'EC 4/11 « Jura » basés à cet endroit.
Une modification de ces Mirage III C les avait rendus aptes à recevoir le missile air-air Matra Magic 1 (Missile Auto-Guidé d'Interception et de Combat) et le conteneur photo RP1P. L'EC 3/10 « Vexin » utilisa le Mirage III C jusqu'en 1988.

Ci-dessus.
Mirage III C n°70 de l'EC 2/10 « Seine » configuré
avec des réservoirs pendulaires supersoniques de 500 l et avec
une poutre de missile Matra R 530 en point ventral.
(DR/collection H. Beaumont)

Ci-contre.
Le Mirage III C n° 32 de l'EC 1/10 « Valois » en configuration lisse
en courte finale à l'atterrissage à Solenzara. *(M. Rostaing)*

Préparatifs pour un départ en
mission du Mirage III C n° 43
de l'EC 1/10 « Valois ». L'avion,
qui portait l'insigne de la SPA
93 sur sa dérive, était équipé
de réservoirs pendulaires
supersoniques de 500 l.
(DR/collection H. Beaumont)

Ci-dessus.
Le Mirage III C n° 21 de l'EC 1/10 «Valois» portant la tête de renard de la SPA 84 sur le côté droit de sa dérive et équipé de réservoirs pendulaires supersoniques de 500 l.
(M. Rostaing)

Ci-dessous.
À l'atterrissage, le Mirage III C n° 90 de l'EC 2/10 «Seine» en livrée bleu «défense aérienne» et un insigne d'escadron de taille réduite sur la dérive. L'avion était configuré avec des réservoirs pendulaires de 1 300 l.
(Dassault Aviation/E. Moreau)

Ci-dessus.
Vol en formation à moyenne altitude au-dessus du territoire djiboutien des Mirage III C de l'EC 3/10 «Vexin». De gauche à droite, les numéros 67, 27, 37 et 28.
(DR/collection H. Beaumont)

Ci-dessous.
À Djibouti, dans sa zone protégée, le Mirage III C n° 50 équipé sous sa voilure de réservoirs pendulaires supersoniques de 500 l aux points internes et de pylônes de missile aux points externes.
(DR/collection H. Beaumont)

MIRAGE III C

Mirage III C n° 21 de l'EC 1/2 « Cigognes », portant l'insigne de la SPA 3, configuré avec un missile Nord 5103 AS 20 en point ventral et avec un moteur fusée SEPR 841.

Mirage III C n° 24 de l'EC 3/2 « Alsace », emportant des réservoirs pendulaires de 500 l et avec des missiles AIM-9B Sidewinder.

Mirage III C n° 44 de l'EC 2/2 « Côte-d'Or », portant l'insigne de la SPA 57, configuré avec des réservoirs pendulaires de 1 300 l.

Mirage III C n° 58 de l'EC 1/13 « Artois », portant l'insigne de la SPA 83, configuré avec des réservoirs pendulaires mixtes JL 100 R.

Mirage III C n° 14 de l'EC 2/13 « Alpes », emportant des réservoirs pendulaires de 625 l.

Mirage III C n° 60 de l'EC 1/5 « Vendée », portant l'insigne de la SPA 124, configuré avec des réservoirs pendulaires mixtes JL 100 R et avec des missiles AIM-9B Sidewinder.

Mirage III C n° 60 de l'EC 2/5 « Île de France », emportant des réservoirs pendulaires de 1 300 l.

Mirage III C n° 85 de l'EC 2/10 « Seine », configuré avec des réservoirs pendulaires de 500 l et avec des missiles AIM-9B Sidewinder.

MIRAGE III C & MIRAGE III B

Mirage III C n° 82 de l'EC 1/10 « Valois » portant l'insigne de la SPA 84, emportant des réservoirs pendulaires de 1 300 l. L'avion avait reçu un marquage « pirate » de la « Cocotte » de l'ER 3/3 « Moselle » sur son croupion.

Mirage III C n° 27 de l'EC 3/10 « Vexin » portant l'insigne de la 1re escadrille ERC 3/561, configuré avec des réservoirs pendulaires de 625 l et avec des missiles Matra Magic 1.

Mirage III B n° 220 de l'EC 2/2 « Côte-d'Or » portant l'insigne de la SPA 57, configuré avec des réservoirs pendulaires de 500 l.

Mirage III B n° 224 de l'EC 2/2 « Côte-d'Or » portant l'insigne de la SPA 65, emportant des réservoirs pendulaires de 1 300 l.

MIRAGE III B & MIRAGE III R

Mirage III B n° 210 de l'ER 2/33 « Savoie », configuré avec des réservoirs pendulaires de 1 300 l.

Mirage III B n° 205 de l'EC 1/13 « Artois » portant l'insigne de la SPA 83, emportant des réservoirs pendulaires de 625 l.

Mirage III B n° 226 de l'EC 1/13 « Artois », portant l'insigne de la SPA 155, configuré avec des réservoirs pendulaires de 500 l.

Mirage III R n° 317 de l'ER 3/33 « Moselle », portant l'insigne de la BR 11, configuré avec des réservoirs pendulaires de 1 300 l.

MIRAGE III R

Mirage III R n° 322 de l'ER 2/33 « Savoie », portant l'insigne de la SAL 6, emportant des réservoirs pendulaires de 1 300 l décorés pour une campagne d'essais et dont le nez de reconnaissance avait été remplacé par un nez métallique dit « fausse pointe ».

Mirage III R n° 322 de l'ER 2/33 « Savoie », portant le nouvel insigne de l'escadron avec le blason de la province et la « Mouette du Rhin » de la SAL 6, configuré avec un réservoir pendulaire de 1 300 l en point ventral et avec des réservoirs pendulaires mixtes JL 100 R.

Mirage III R n° 343 de l'ER 1/33 « Belfort », portant l'insigne de la SAL 33, configuré avec des réservoirs pendulaires de 500 l.

Mirage III R n° 303 de l'ER 1/33 « Belfort » avec le nouvel l'insigne de la SAL 33, configuré avec des réservoirs pendulaires de 1 700 l.

Mirage III R n° 347 de l'EC 2/2 « Côte-d'Or », portant l'insigne de la SPA 57, configuré
avec des réservoirs pendulaires de 500 l.

Mirage III B2 n° 241 affecté au CIFAS 328 « Aquitaine », vierge de tout marquage d'unité, emportant
des réservoirs pendulaires de 625 l.

Mirage III B2 n° 214 du CIFAS 328 « Aquitaine », portant l'insigne du CIFAS 328 « Aquitaine »
sur la dérive, configuré avec des réservoirs pendulaires de 625 l.

Mirage III B2 n° 250 de l'EB 2/91 « Bretagne », emportant des réservoirs pendulaires de 1300 l.

Mirage III B 1962-1992

Le Mirage III B n° 214 affecté à l'EC 1/13 « Artois », configuré avec des réservoirs pendulaires supersoniques de 500 l. (Dassault *Aviation/E. Moreau*)

L'État avait passé commande d'un prototype du Mirage III B (B pour Biplace) en date du 28 octobre 1958, la commande de 26 avions étant confirmée en date du 26 août 1960 (un 27e avion fut commandé en complément). Le Mirage III B, propulsé par un moteur SNECMA ATAR 9B, était un biplace d'entraînement opérationnel directement dérivé du Mirage III C, destiné à remplir les missions suivantes :

— Transformation des pilotes déjà formés sur avion à réaction pour le vol sur avion à aile delta.

— Entraînement opérationnel et contrôle des pilotes pour vérification de leur aptitude à l'exécution des missions du Mirage III C.

— Capacité à remplir des missions offensives avec un seul pilote pour les missions d'appui tactique et d'attaque au sol éloignée. Pour ces missions, le poste du second pilote était occupé par un châssis d'armements comportant des équipements permettant l'utilisation de ces armements.

LES SPÉCIFICATIONS DU MIRAGE III B

Le prototype du Mirage III B 01 (le numéro 96 prélevé sur la série de fabrication du Mirage III C), avait été conçu avec la capacité d'emport du moteur-fusée SEPR 841, à laquelle les services officiels renoncèrent pour la version de série.

Il effectua son premier vol le 20 octobre 1959 à Melun-Villaroche avec René Bigand aux commandes. Les essais furent consacrés à l'ouverture du domaine de vol dans toutes les configurations notamment avec les emports.

Le premier vol en tandem ayant eu lieu le 12 février 1960 avec Gérard Muselli et Marcel Tixador dans l'habitacle.

Les principales différences du Mirage III B avec le Mirage III C avaient été spécifiées dans les clauses techniques en date du 9 novembre 1959.

Le Mirage III B 01 doté d'une pointe avant non peinte et portant la mention « Mach 2 » sur le nez.
(Dassault Aviation)

Ci-dessus.
Le Mirage III B 01 lors d'essais du moteur-fusée SEPR 841 avec un conteneur d'essais en point ventral. Au final, l'option du moteur-fusée pour les Mirage III B de série ne fut pas retenue. *(DR/collection H. Beaumont)*

— La partie avant avait été avancée de 30 cm avec un agrandissement des entrées d'air à noyau conique mobile situées de part et d'autre du fuselage, se rejoignant dans une manche à air centrale à l'intérieur de celui-ci.

— Le fuselage comportait une pointe avant démontable abritant les équipements de conditionnement d'air, les baquets pilotes pressurisés et le logement de l'atterrisseur avant,

— Une verrière basculante d'une seule pièce constituée de deux coupoles en plexiglas réunies sur un arceau intermédiaire en acier.

— Deux sièges éjectables Martin Baker Mk4 AM4, à commande en rideau et basse en secours,

— N'étant pas équipé de radar, le Mirage III B avait un viseur électro optique CSF 295 aux postes avant et arrière pour les tirs ca-

nons, roquettes et missiles air-sol, ainsi qu'une télécommande manuelle des missiles air-sol Nord 5103 et Nord 5401,

Le poste arrière du second pilote avait été surélevé de 20 cm pour améliorer sa visibilité et permettre le logement de l'atterrisseur avant, lui-même reculé de 7 cm.

Ce poste arrière pouvait être isolé par une capote blanche repliable masquant la visibilité pour l'entraînement au vol aux instruments, le vol sans visibilité (VSV).

— Modification de l'arête dorsale prolongée vers l'arrière jusque dans la zone du bord d'attaque de la dérive, pourvue à sa base d'une antenne de lever de doute du radio compas,

— Affinement et allongement de 50 cm de la pointe avant.

— Installation d'un châssis amovible DEFA 552 contenant deux canons de 30 mm (approvisionnés à 125 obus pour chacun et d'une cadence de tir de 1 200 coups/mn).

— Enfin, la propulsion était assurée par un moteur SNECMA Atar 9 B3 développant 4 330 kgp à sec et 6 080 kgp avec postcombustion.

Le premier Mirage III B de série, le n° 201, vola le 19 juillet 1962, piloté par Élie Buge, la série étant numérotée de 201 à 227.

Ci-contre.
À Salon-de-Provence, en mai 1963, le Mirage III B 01 en configuration lisse. *(DR/collection H. Beaumont)*

43

Configuré avec des réservoirs pendulaires de 1 300 l, le Mirage III B n° 222 lors d'un vol d'entraînement.
(DR/collection H. Beaumont)

LA MISE EN SERVICE DU MIRAGE III B EN UNITÉS

2ᵉ ESCADRE DE CHASSE DE DIJON-LONGVIC

Les premiers Mirage III B furent affectés au CEAM et à la 2ᵉ Escadre de Chasse à partir de la fin 1962, puis tous les escadrons mettant en service des Mirage III C reçurent à leur tour deux à trois avions biplaces. Au début de 1963, une quinzaine de Mirage III B étaient ainsi répartis dans les différentes unités.

ESCADRON DE CHASSE 2/2 « CÔTE-D'OR »

Insignes :
— 1ʳᵉ Escadrille : SPA 65 « Chimère »,
— 2ᵉ escadrille : SPA 57 « Mouette »,
Mirage III B codés : 2-FA, 2-FB,...

Dès que la dotation en Mirage III B fut suffisante, l'État-Major décida de standardiser la formation des équipages au sein d'un escadron spécialisé dans la transformation et l'entraînement des pilotes de Mirage III. Créé en avril 1965, l'EC 2/2 « Côte-d'Or » prit la dénomination de CIMIR (pour Centre d'Instruction MIRage) 2/102 (en avril 1966), puis de CIMIR 0/329 en juillet 1966, tous les Mirage III B étant regroupés au sein de l'escadron.

Le second Mirage III B de série (n° 202), au décollage pour un vol d'essais et de réception. L'entrée d'air additionnelle de la manche à air était ouverte. *(Dassault Aviation)*

En novembre 1968, l'EC 2/2 « Côte-d'Or » devint l'Escadron de Chasse et de Transformation (ECT) 2/2 « Côte-d'Or », dont la mission était non seulement la transformation opérationnelle des pilotes français, mais aussi celle des pilotes de forces aériennes étrangères ayant acquis des Mirage III.

Pendant trois mois, les pilotes stagiaires recevaient une formation théorique, suivie de séances sur simulateur, puis effectuaient une quarantaine de vols avec leur instructeur. La transformation couvrait toutes les spécificités du vol sur avion à ailes delta et la variété des missions : vols aux instruments sans visibilité dans les conditions opérationnelles, vols simulant des missions en haute ou en basse altitude, combat aérien, vol de nuit, navigation, tir air-air, tir air-sol au canon.

Le premier avion de série, le Mirage III B n° 201, au roulage avant un vol d'essais et de réception à l'usine de la GAMD de Bordeaux-Mérignac. *(Dassault Aviation)*

L'EC 2/2 « Côte-d'Or » accueillait également les pilotes ayant à se remettre à niveau ou devant maintenir une capacité opérationnelle.

Les Mirage IIIB reçurent un camouflage deux tons vert et gris « centre Europe » à partir de 1979.

L'ECT 2/2 « Côte-d'Or » opéra avec le Mirage III B jusqu'en juin 1986.

ESCADRON DE CHASSE 3/2 « ALSACE »

Insigne : Blason de la province.
Mirage III B codés : 2-LU, 2-LV, 2-LX, 2-LY.

En décembre 1962, l'escadron utilisa des Mirage III B pour assurer la transformation et l'entraînement des pilotes sur avion à ailes delta, en parallèle à la mise en œuvre de ses Mirage III C.

L'EC 3/2 « Alsace » utilisa le Mirage III B jusqu'en juin 1966.

ESCADRON DE CHASSE 1/2 « CIGOGNES »

Insignes :
1re Escadrille : SPA 3 « Cigogne de Guynemer »,
2e Escadrille : SPA 103 « Cigogne de Fonck ».
Mirage III B codés : 2-EC, 2-ED, 2-EM.

À partir de février 1963, l'escadron reçut des Mirage III B pour assurer la transformation et l'entraînement des pilotes sur avion à ailes delta, en parallèle à la mise en œuvre de ses Mirage III C.

L'EC 1/2 « Cigognes » utilisa le Mirage III B jusqu'en juin 1966.

CARACTÉRISTIQUES MIRAGE III B

Envergure : 8,22 m
Longueur : 15,40 m
Hauteur : 4,50 m
Surface alaire : 34,85 m²
Masse à vide : 6 268 kg

Capacité interne en carburant : 2 720 l
Masse maximale : 11 300 kg
Vitesse maximale : Mach 2
Plafond maximal : 18 000 m.

Ci-dessus.
À Mont-de-Marsan, le Mirage III B n° 211 affecté au CEAM dont il portait l'insigne sur la dérive, configuré avec des réservoirs pendulaires supersoniques de 500 l. (DR/collection H. Beaumont,

33e ESCADRE DE RECONNAISSANCE DE STRASBOURG-ENTZHEIM

ESCADRON DE RECONNAISSANCE 3/33 « MOSELLE »

Insigne : BR 11 « Cocotte de gueules (rouge) ».

Mirage III B codés : 33-TU, 33-TV, 33-TW, 33-TX, 33-TY, 33-TZ.

De mars à août 1963, en prévision de l'arrivée du Mirage III R à l'escadron, six Mirage III B y furent affectés pour la transformation opérationnelle des personnels et des pilotes aux particularités d'un avion à ailes delta, d'abord à Mont-de-Marsan, puis ils gagnèrent leur base de Strasbourg.

L'ER 3/33 « Moselle » utilisa le Mirage III B jusqu'en juin 1966.

ESCADRON DE RECONNAISSANCE 2/33 « SAVOIE »

Insigne : SAL 6 « Mouette rhénane ».

Mirage III B codés : 33-NI, 33-NJ, 33-NQ, 33-NX.

En février 1964, trois Mirage III B furent affectés à cet escadron pour la transformation opérationnelle des personnels sur avion à ailes delta. L'ER 2/33 « Savoie » utilisa le Mirage III B jusqu'en juin 1965.

Le Mirage III B n° 210 au roulage à Bordeaux-Mérignac avant un vol d'essais et de réception, en configuration lisse. *(Dassault Aviation)*

Ci-dessus.
À Dijon, le Mirage III B n° 207 configuré avec des réservoirs pendulaires de 625 l. Bien qu'affecté à l'EC 2/2 «Côte-d'Or», l'avion n'avait pas encore reçu d'insignes d'escadrilles sur sa dérive. (B. Regnier)

13ᵉ ESCADRE DE CHASSE DE COLMAR-MEYENHEIM

ESCADRON DE CHASSE 2/13 «ALPES»

— 1ʳᵉ Escadrille : «Chevalier Bayard sur cheval gris»,
— 2ᵉ Escadrille : «Chevalier Bayard sur cheval bai».

Mirage III B codés : 13-PN, 13-PY, 13-PW.

En juin 1962, l'escadron reçut des Mirage III B pour assurer la mission de transformation opérationnelle et d'entraînement des pilotes sur avion à aile delta, en parallèle à la mise en œuvre de ses Mirage III C.

L'EC 2/13 «Alpes» utilisa le Mirage III B jusqu'en juin 1966.

ESCADRON DE CHASSE 1/13 «ARTOIS»

Insignes :
— 1ʳᵉ Escadrille : SPA 83 «Chimère»,
— 2ᵉ Escadrille : SPA 100 «Hirondelle».

À partir de 1986, deux escadrilles supplémentaires furent ajoutées :
— 3ᵉ Escadrille : SPA 160 «Diable rouge», jusqu'en juillet 1989,
— 4ᵉ Escadrille : SPA 155 «Petit Poucet».

Mirage III B codés : 13-QQ, 13-QR, 13-QS, 13-QW.

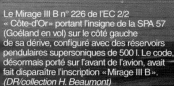

Le Mirage III B n° 226 de l'EC 2/2 «Côte-d'Or» portant l'insigne de la SPA 57 (Goéland en vol) sur le côté gauche de sa dérive, configuré avec des réservoirs pendulaires supersoniques de 500 l. Le code, désormais porté sur l'avant de l'avion, avait fait disparaître l'inscription «Mirage III B». (DR/collection H. Beaumont)

Décollage du Mirage III B n° 204 configuré avec des réservoirs pendulaires de 625 l. Cet appareil était affecté à l'EC 2/2 « Côte-d'Or » après avoir appartenu à l'EC 3/2 « Alsace » comme en témoignait la trace de son insigne effacé sur la dérive.
(DR/collection H. Beaumont)

Mirage III B codés : à partir de 1986 : 13-FA, 13-FC, 13-FD, 13-FF, 13-FH, 13-FI, 13-FG, 13-FK.

En juin 1962, l'escadron reçut des Mirage III B pour assurer la mission de transformation opérationnelle et d'entraînement des pilotes sur avion à ailes delta, en parallèle à la mise en œuvre de ses Mirage III C, jusqu'en juin 1966. En 1986, l'escadron reçut les Mirage III B de l'EC 2/2 « Côte-d'Or », pour assurer désormais la transformation opérationnelle des pilotes français et étrangers sur Mirage III et sur Mirage 5.

L'EC 1/13 « Artois » utilisa le Mirage III B jusqu'en 1992.

FORCES AÉRIENNES STRATÉGIQUES (FAS)
CENTRE D'INSTRUCTION DES FORCES AÉRIENNES STRATÉGIQUES 328 « AQUITAINE » (CIFAS 328)

Mirage III B codés : 328-DA, 328-DB, 328-DC, 328-DD, 328-DE, 328-DF, 328-DH, 328-DJ, 328-DK, 328-DM.

À partir de 1975, Mirage III B codés : DC, DF, DG, DH, DI, DJ, DK, DL, DM, DR, DS, DT, DV.

EMPORTS ET ARMEMENTS DU MIRAGE III B

Le Mirage III B était pourvu de cinq points d'emports, le point externe sous voilure étant très rarement utilisé :

POINT VENTRAL
- missile air-sol Nord 5103 AS 20,
- missile air-sol Nord 5401 AS 30,
- poutre bi-bombes STRIM jusqu'à 400 kg,

POINT INTERNE SOUS VOILURE (GAUCHE ET DROIT)
- réservoir supersonique non largable de 500 l,
- réservoir pendulaire de 625 l,
- réservoir pendulaire de 1 300 l,
- réservoir mixte GAMD JL 100 R avec un lance-roquettes dans la partie avant (18 roquettes SNEB de 68 mm), prolongé par un réservoir de 250 l à l'arrière.

POINT EXTERNE SOUS VOILURE (GAUCHE ET DROIT)

À Dijon, départ en mission du Mirage III B n° 213 de l'EC 2/2 « Côte-d'Or », porteur de l'insigne de la SPA 65 sur le côté droit de sa dérive. L'avion était doté de réservoirs pendulaires de 625 l.
(DR/collection H. Beaumont)

En haut.
Le Mirage IIIB n° 217 de l'EC 2/2 «Côte-d'Or», portant la célèbre «Mort qui fauche» de la SPA 94 sur le côté gauche de sa dérive, configuré avec des réservoirs pendulaires supersoniques de 500 l. *(Dassault Aviation)*

Ci-dessus, à gauche.
Le Mirage IIIB n° 212 de l'EC 2/2 «Côte-d'Or» portant l'insigne de la SPA 94 sur le côté droit de la dérive, au roulage avant un vol d'entraînement. L'avion, ici équipé de réservoirs pendulaires supersoniques de 500 l, portait des marques haute visibilité orangées sur le fuselage et la dérive. *(DR/collection H. Beaumont)*

Ci-dessus, à droite.
Le Mirage III B n° 208 affecté à l'ER 3/33 «Moselle» dont il portait l'insigne, la «cocotte rouge» sur sa dérive. *(DR/collection H. Beaumont)*

Ci-dessous. En vol à basse altitude, le Mirage III B n° 201 avec le «Goéland» de la SPA 57 sur le côté droit de la dérive et équipé de réservoirs pendulaires supersoniques de 500 l. *(Dassault Aviation)*

À partir de janvier 1965, l'État-Major avait souhaité que les futurs équipages (pilote et navigateur) affectés aux escadrons de bombardement des FAS équipés de Mirage IV A fussent transformés sur Mirage III B au sein du CIFAS 328 stationné à Bordeaux Mérignac.

L'objectif était de qualifier et de parfaire les équipages aux particularités d'un avion à ailes delta en maintenant un haut niveau de compétences qu'exigeait la mission nucléaire des Mirage IV A.

En juillet 1975, le CIFAS 328 fut réorganisé en trois escadrons, les Mirage III B étant affectés à l'EE (Escadron d'Entraînement) 2/328, qui devint l'ERI (Escadron de Reconnaissance et d'Instruction) 1/328 «Aquitaine» en août 1991.

L'ERI 2/328 utilisa le Mirage III B jusqu'en janvier 1992.

Ci-contre.
Le Mirage III B n° 210
affecté à l'ER 3/33
« Savoie » avec la
« mouette rhénane »
de la SAL 6 peinte sur
un parement triangulaire
sur la dérive.
*(DR/collection
H. Beaumont)*

Ci-contre.
Le Mirage IIIB n° 226 de l'EC 1/13
«Artois», portant l'insigne de la SPA
155 sur sa dérive au roulage avant
un vol d'entraînement, configuré
avec des réservoirs pendulaires
de supersoniques de 500 l.
(DR/collection H. Beaumont)

Ci-dessous.
Le Mirage III B n° 201 affecté à l'EC 1/13
«Artois», configuré avec des réservoirs
pendulaires supersoniques de 500 l.
L'avion avait été photographié au retour
d'un vol d'entraînement comme en
témoigne l'absence du cône du logement
du parachute, au-dessus du croupion.
(Dassault Aviation/E. Moreau)

ESCADRON DE BOMBARDEMENT 1/93 « GUYENNE »

Traditions des escadrilles BR 66 et BR 129.
Mirage III B codés : 93-DH, 93-DI, 93-DH, 93-DM.

ESCADRON DE BOMBARDEMENT
1/94 « BOURBONNAIS »

Traditions des escadrilles BR 29 et BR 123.
Mirage III B codé : 94-DL.

Ci-dessus.
Le Mirage III B n° 215, portant l'insigne du CIFAS 328 sur sa dérive,
en vol à basse altitude, équipé de réservoirs pendulaires de 1 300 l.
(DR/collection H. Beaumont)

Ci-contre.
Au décollage, le Mirage III B n° 201 affecté à la 93ᵉ Escadre
de Bombardement, configuré avec des réservoirs pendulaires de 625 l.
(DR/collection H. Beaumont)

À partir de 1965, dans un souci d'efficacité et de préservation du potentiel d'heures de vol des Mirage IV A, des Mirage III B furent détachés du CIFAS 328 pour leur affectation temporaire à l'EB 1/93 « Guyenne » stationné à Istres et à l'EB 1/94 « Bourbonnais » stationné à Avord.

Les équipages pouvaient ainsi maintenir un haut niveau d'entraînement opérationnel au pilotage et à la navigation pour les missions dévolues à la dissuasion nucléaire.

Ces escadrons utilisèrent le Mirage III B jusqu'en 1969.

Le Mirage III B n° 205
du CIFAS 328, configuré
avec des réservoirs
pendulaires de 625 l.
(DR/collection H. Beaumont)

Mirage III R 1963-1986

La version de reconnaissance du Mirage III avait fait l'objet d'un contrat initial en date du 13 septembre 1960, prévoyant une commande de cinquante Mirage III R (R pour Reconnaissance) dont deux prototypes furent demandés en date du 29 août 1961.

Le Mirage III R était directement dérivé du Mirage III C et devait remplir les missions suivantes :

— Reconnaissance à basse, moyenne et haute altitude.
— Reconnaissance de nuit.
— Attaque au sol avec armements classiques ou nucléaires.

Les prototypes des Mirage III R 01 et Mirage III R 02 furent prélevés sur la chaîne de construction des Mirage III C.

Le Mirage III R 01, motorisé avec un réacteur Atar 9 B3, vola pour la première fois le 31 octobre 1961 à Melun-Villaroche, piloté par Jean Coureau. L'avion fut utilisé à l'exploration du domaine de vol avec et sans charges, ainsi qu'à la mise au point du compartiment conditionné pour les caméras situé dans la pointe avant. Son profil asymétrique devait également être testé au plan aérodynamique, sa forme ne pouvant être conique compte tenu de l'emport de caméras et de la forme plane des hublots.

En mai 1962, l'avion fut évalué par le CEV, puis en juin par le CEAM, avant d'être équipé d'un moteur Atar 9 C. Ces évaluations devaient permettre la définition les conditions d'utilisation opérationnelle.

Le 1er août 1963, le Mirage III R 01 fut détruit à Cazaux lors d'un accident : son pilote, le capitaine Danay, fut victime de l'explosion d'une cartouche éclairante située dans le conteneur lance-cartouches mais réussit à s'éjecter.

Ci-dessus.
Le Mirage III R n° 301, premier avion de série, au retour d'un vol d'essais et de réception à Bordeaux-Mérignac. (Dassault Aviation)

Le Mirage III R 02 décolla pour la première fois le 5 décembre 1962 à Melun-Villaroche avec René Bigand à ses commandes. L'avion était équipé d'un moteur Atar 9 C et fut utilisé pour l'exploration du domaine de vol avec et sans charges, ainsi que pour la mise au point des équipements de reconnaissance, en analyse comparative aux performances obtenues avec le Mirage III R 01.

LES SPÉCIFICATIONS DU MIRAGE III R

Les principales différences avec le Mirage III C avaient été spécifiées dans les clauses techniques en date du 20 juin 1960 :

— La pointe avant redessinée, qui permettait de recevoir cinq caméras OMERA 31 (société d'Optique, de Mécanique, d'Électricité

CARACTÉRISTIQUES MIRAGE III R

Envergure : 8,22 m
Longueur : 15,40 m
Hauteur : 4,40 m
Surface alaire : 34,84 m²
Capacité interne en carburant : 2 890 l.

Masse à vide : 6 195 kg
Masse maximale : 12 389 kg
Vitesse maximale : Mach 2
Plafond : 18 000 m.

Ci-dessus.
Le Mirage III R 02 équipé de réservoirs pendulaires de 1 300 l en vol d'essais au-dessus des Hautes Alpes. (Dassault Aviation)

et de RAdio) à objectifs interchangeables était calorifugée et conditionnée avec une régulation automatique de température maintenue entre + 5 °C et + 40 °C. La pointe avant était divisée en un compartiment avant et un compartiment principal, dont la partie inférieure permettait une ouverture rapide.

— La partie inférieure était équipée de hublots de qualité optique d'une épaisseur de 8,7 mm.

— L'aménagement au poste pilote des instruments de réglage et de commande des capteurs optiques.

SNECMA ATAR 9 C*

Turboréacteur à compresseur axial monocorps mono flux avec postcombustion, avec d'avant en arrière : un compresseur à neuf étages, une chambre de combustion annulaire, une turbine à deux étages, des injecteurs de postcombustion, un canal postcombustion et une tuyère à section variable à dix-huit volets.

Vitesse de rotation : 8 400 tr/mn
Longueur : 6,34 m
Diamètre : 1,02 m
Poids : 1 430 kg
Poussée à sec : 4 340 kgp
Poussée avec postcombustion : 6 085 kgp (6 200 kgp sur les versions améliorées).
Au-delà de Mach 1,4 une survitesse manuelle ou automatique donnait une augmentation de poussée de 15 %.
* La dénomination était suivie d'un numéro correspondant aux améliorations techniques successives dont la version avait bénéficié au fil du temps.

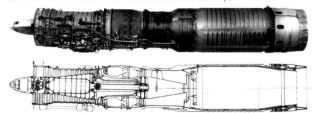

Ci-dessous.
À Istres au retour d'un vol d'essais, le Mirage III R 01 saisi à l'atterrissage, freiné par son parachute. L'avion était en configuration lourde, avec des réservoirs pendulaires de 1 300 l au point ventral et aux points internes sous voilure. (Dassault Aviation)

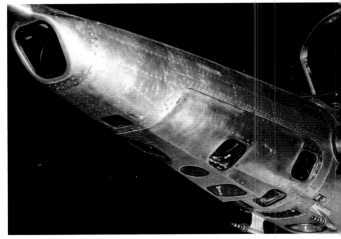

— Le fuselage était allongé de 30 cm au niveau de la soute de l'atterrisseur avant pour recevoir des équipements,

— La soute inférieure avant pouvait recevoir soit un réservoir de carburant de 325 l, soit un châssis lance-cartouches éclairantes de nuit (cinq lance-cartouches de vingt cartouches de 40 mm ou cinq lance-cartouches de huit cartouches de 74 mm), soit un châssis DEFA 552 contenant deux canons de 30 mm (125 obus par canon, cadence de tir de 1 200 coups/mn),

— La soute inférieure arrière était dotée d'un réservoir de carburant démontable contenant 380 litres, équipé d'une quille arrondie qui intégrait une caméra OMERA 60 de 75 mm de focale visant à gauche à 25° sous l'horizon.

— Les manches à air étaient agrandies pour s'adapter au débit du moteur ATAR 9 C3,

— Agrandissement du fuselage arrière et du croupion pour adaptation au moteur ATAR 9 C3,

— Le carénage du logement parachute avait été modifié.

— La dérive ne comportait plus d'antenne de lever de doute du radio-compas à sa base mais possédait un détecteur de menaces électromagnétiques de secteur arrière Thomson BZ.

— Le moteur ATAR 9 C3.

Le premier Mirage III R n° 301 effectua son premier vol le 1er février 1963 avec Élie Buge aux commandes, la série étant numérotée de 301 à 350.

Les caméras OMERA 31 étaient fixées sur un châssis basculant

Ci-dessus, à gauche.
Les hublots des caméras de la pointe avant du Mirage III R 01.
(DR/collection H. Beaumont)

Ci-dessus, à droite.
Les hublots des caméras de la pointe avant du Mirage III R 02. *(Dassault Aviation)*

Ci-contre.
La pointe avant ouverte du Mirage III R n° 307, montrant le berceau et le logement des caméras OMERA 31. L'avion portait un bandeau arc-en-ciel sur son nez, en l'honneur du record de vitesse international battu à son bord par Jacqueline Auriol. *(Dassault Aviation)*

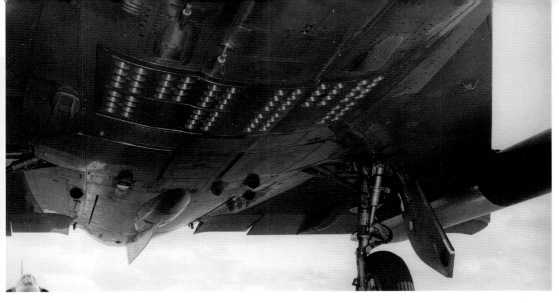

permettant un accès facile aux magasins contenant les films. Les caméras OMERA étaient équipées d'un dispositif de compensation de filé, qui se déplaçait automatiquement dans le sens contraire de déroulement du film pour garantir la netteté des prises de vue malgré le déplacement de l'avion.

Les différents montages de caméras étaient faits en fonction des missions définies, les descriptions allant d'avant en arrière :

1. Montage basse altitude (150 à 700 m) :

— Compartiment avant : une caméra nasale de 200 mm de focale (F 200) inclinée à 16° sous l'horizon,

— Compartiment arrière : deux caméras de 100 mm de focale (F100) à droite et à gauche visant à 22° sous l'horizon et deux caméras F 200 mm visant à droite et à gauche. L'ensemble couvrait un champ de 165°.

2. Montage moyenne altitude (700 à 3 500 m) :

— Compartiment avant : un lest ou une caméra nasale F200,

— Compartiment arrière : un lest et trois caméras F200 visant à gauche, en vertical et à droite. L'ensemble couvrait un champ de 85°.

3. Montage haute altitude (3 500 à 15 000 m, sans montage de caméra nasale, le hublot avant étant obturé) :

— Compartiment avant : une caméra F100 visant en vertical,

— Compartiment arrière : un lest et trois caméras de 600 mm de focale (F600) visant à droite, en vertical et à gauche. L'ensemble couvrait un champ de 29°.

4. Montage photo oblique latérale :

— Compartiment avant : un lest,

— Compartiment arrière : quatre lests et une caméra de F600 visant en latéral gauche à 12° sous l'horizon couvrant un champ de 10° 50'.

Devant le Mirage III F
n° 301, configuré avec
des réservoirs pendulaires
de 1 300 l, différentes
focales montées su
des caméras OMERA 31.
(Dassault Aviation

EMPORTS ET ARMEMENTS DU MIRAGE III R

Le Mirage III R était pourvu de cinq points d'emports :

POINT VENTRAL
- réservoir pendulaire de 1 300 l,
- bombe spéciale (nucléaire) de 735 kg,
- conteneur mixte « Cyclope » RPE 62, (forme identique à celle du réservoir pendulaire de 1 300 l, la partie avant comprenait une tête d'analyse infrarouge et un enregistreur magnétique, utilisable de jour et de nuit, qui produisait une image thermographique du sol, la partie arrière constituait un réservoir carburant de 1 150 l.

POINT INTERNE SOUS VOILURE (GAUCHE ET DROIT)
- réservoir pendulaire de 500 l supersonique non largable,
- réservoir pendulaire de 625 l,
- réservoir pendulaire de 1 300 l,
- réservoir pendulaire plaqué de 1 700 l,
- réservoir mixte GAMD JL 100 R avec un lance-roquettes dans la partie avant (dix-huit roquettes SNEB de 68 mm), prolongé par un réservoir de 250 l à l'arrière.

POINT EXTERNE SOUS VOILURE (GAUCHE ET DROIT)
- Missile air-air AIM-9B Sidewinder.

En vol à basse altitude au-dessus des Vosges, le Mirage III R n° 313 de l'ER 3/33 « Moselle », emportant des réservoirs pendulaires de 1300 l. *(DR/collection H. Beaumont)*

LA MISE EN SERVICE DU MIRAGE III R EN UNITÉS

La 33ᵉ Escadre de Reconnaissance, basée à Strasbourg-Entzheim, fut chargée de la mise en œuvre des Mirage III R. Cette escadre de reconnaissance était composée de trois escadrons, qui assuraient tous des missions similaires.

En cas de conflit, la mission principale était la reconnaissance tactique permettant le recueil de renseignements en « pre-strike » ou en « post strike » (avant ou après une frappe) sur un théâtre d'opérations, impliquant d'atteindre une zone ennemie fortement protégée par des moyens antiaériens, de survoler cette zone en effectuant des prises de vues, puis de revenir vers sa base pour l'exploitation des données. La mission secondaire consistait en l'appui tactique avec des armements classiques.

Les Mirage III R participèrent aux nombreux exercices, campagnes de tir (air-air et air-sol à Cazaux, Suippes, Solenzara et Epagny), compétitions de l'Armée de l'Air et de l'OTAN (en qualité de participants hors concours à partir de mi 1966). Dès leur mise en service, les Mirage III R portaient un camouflage à deux tons gris et vert type « centre Europe ».

ESCADRON DE RECONNAISSANCE 3/33 « MOSELLE »

Insigne : BR 11 « Cocotte de gueules » (rouge).
Mirage III R codés : 33-TA, 33-TB,…

Après une période de transformation des personnels au CEAM à Mont-de-Marsan, effectuée de mars à août 1963, les premiers Mirage III R arrivèrent en Alsace en juin 1963. Dans le cadre de la mise au point opérationnelle de la version, notamment pour sa maintenance, une expérimentation dénommée « MIREX 33 » (EXpérimentation MIRage) fut conduite.

À partir de février 1964, les Mirage III B de l'escadron furent transférés à l'ER 2/33 « Savoie » pour débuter la transformation et l'entraînement des pilotes.

L'ER 3/33 « Moselle » utilisa le Mirage III R jusqu'en février 1988.

Ci-dessus. Au décollage, le Mirage III R n° 322 de l'ER 2/33 «Savoie». L'avion avait reçu un nez de Mirage III C lesté et emportait des réservoirs pendulaires de 1300 l. *(DR/collection H. Beaumont)*

Affecté au CEAM dont il portait l'insigne sur sa dérive, le Mirage IIIR n° 304 avec son logement caméras ouvert. L'avion était configuré avec des réservoirs pendulaires de 1700 l au point interne sous voilure et avec un conteneur Cyclope au point ventral. *(DR/collection H. Beaumont)*

Ci-dessus.
Le Mirage III R n° 319 de l'ER 3/33 « Moselle », en vol à haute altitude, configuré avec des réservoirs pendulaires de 1 300 l. *(DR/collection H. Beaumont)*

Ci-contre.
Remise en œuvre du Mirage III R n° 307 de l'ER 2/33 « Savoie », configuré avec des réservoirs pendulaires de 1 300 l. *(DR/collection H. Beaumont)*

Ci-dessous.
À Strasbourg Entzheim, alignement des Mirage III R de l'ER 3/33 « Moselle » avec, d'avant en arrière, les n° 311, 349 et 328.
(DR/collection H. Beaumont)

Ci-dessus.
Le Mirage III R n° 336 de l'ER 1/33 «Belfort» portant son insigne sur la dérive, en vol à haute altitude et emportant des réservoirs de 1 300 l.
(DR/collection H. Beaumont)

Ci-dessous.
Avant une mission pour un exercice de l'OTAN, le Mirage III R n° 314 de l'ER 2/33 «Savoie» dont il portait le nouvel insigne sur la dérive, configuré avec des réservoirs pendulaires de 1 300 l.
(DR/collection H. Beaumont)

ESCADRON DE RECONNAISSANCE 2/33 «SAVOIE»

Insigne : SAL 6 «Mouette du Rhin».
Mirage III R codés : 33-NA, 33-NB,...
Les Mirage III R affectés à cet escadron arrivèrent à partir de janvier 1964 et connurent des problèmes liés au moteur Atar 9 C, qui allaient retarder la transformation opérationnelle de l'ER 1/33 «Belfort». L'ER 2/33 «Savoie» utilisa le Mirage III R jusqu'en juillet 1983.

ESCADRON DE RECONNAISSANCE 1/33 «BELFORT»

Insigne : SAL 33 Hache «d'A. Bordage».
Mirage III R codés : 33-CA, 33-CB,...

Les Mirage III R arrivèrent à partir de janvier 1967 à l'ER 1/33 «Belfort», ils provenaient de l'ER 3/33 «Moselle», qui allait être équipé de Mirage III RD.
L'ER 1/33 «Belfort» utilisa le Mirage III R jusqu'en mai 1986.

ESCADRON DE CHASSE ET DE TRANSFORMATION 2/2 «CÔTE-D'OR»

Insignes :
— 1re Escadrille : SPA 65 «Chimère d'argent»,
— 2e Escadrille : SPA 57 «Mouette passant au naturel»,
— 3e Escadrille : SPA 94 «Mort qui fauche».
Mirage III R codés : 2-ZG, 2-ZH, 2-ZM, 2-ZN, 2-ZP, 2-ZO.

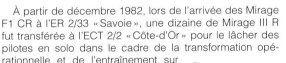

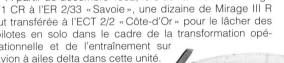

À partir de décembre 1982, lors de l'arrivée des Mirage F1 CR à l'ER 2/33 «Savoie», une dizaine de Mirage III R fut transférée à l'ECT 2/2 «Côte-d'Or» pour le lâcher des pilotes en solo dans le cadre de la transformation opérationnelle et de l'entraînement sur avion à ailes delta dans cette unité.
L'ECT 2/2 «Côte-d'Or» utilisa le Mirage III R jusqu'en juin 1986.

Ci-dessus.
Le Mirage III R n° 318 de l'ER 2/33 «Savoie» en vol à très basse altitude, configuré avec des réservoirs pendulaires de 1 300 l. Le nouvel insigne de l'escadron était composé de la «Mouette» hérité de la SAL 6, superposée avec le blason de la province. *(DR/collection H. Beaumont)*

Ci-dessous.
Le Mirage III R n° 322 portant sur sa dérive le nouvel insigne de l'ER 1/33 «Belfort» avec le «Petit Prince» tenant la «Hache d'A. Bordage», avec des réservoirs pendulaires camouflés de 1 700 l.
(DR/collection H. Beaumont)

MIRAGE III R DÉTRUITS OU ACCIDENTÉS NON RÉPARABLES

Numéros : 302, 305, 307, 308, 312, 320, 325, 326, 328, 332, 337, 341, 342, 344.

Remise en œuvre du Mirage III R n° 334 de l'ER 1/33 «Belfort», configuré avec un conteneur Cyclope en point ventral et des réservoirs de 1 300 l camouflés.
(DR/collection H. Beaumont)

Ci-dessus.
Atterrissage du Mirage III R n° 316 de l'ECT 2/2 «Côte-d'Or», portant l'insigne de la «Mort qui fauche» (SPA 94) sur le côté droit de sa dérive, et équipé de réservoirs pendulaires supersoniques de 500 l. *(Dassault Aviation)*

Ci-contre.
Au départ d'une mission, le Mirage III R n° 349 de l'ECT 2/2 « Côte-d'Or » portant la «Chimère» de la SPA 65 sur sa dérive, configuré avec des réservoirs pendulaires supersoniques de 500 l. *(DR/collection H. Beaumont)*

Ci-contre.
Vol à très basse altitude pour le Mirage III R n°342 de l'ER 1/33 « Belfort », portant une nouvelle version de l'insigne d'escadron et équipé de réservoirs pendulaires de 1 700 l. *(DR/collection H. Beaumont)*

Atterrissage du Mirage III R n° 314 de l'ECT «Côte-d'Or», portant l'insigne de la SPA 57 («Mouette») sur la face droite de sa dérive et emportant des réservoirs pendulaires supersoniques de 500 l. *(Dassault Aviation)*

Mirage III B2 1967-1993

Pour permettre la formation, la transformation opérationnelle et l'entraînement des équipages des FAS, l'État-Major
de l'Armée de l'Air passa une commande supplémentaire
de dix Mirage III biplaces. Cette version reçut la dénomination de Mirage III B2 ou BR (pour « Biplace Ravitaillement »)
et ressemblait en tous points au Mirage III B, exception
faite de la pointe avant, qui avait été rigidifiée et modifiée
par l'adjonction d'une perche axiale fixe de ravitaillement
en vol similaire à celle équipant les Mirage IV A, mais ne
permettant pas le transfert de carburant et surnommée
« pointe sèche ».

Les dix Mirage III B2, portant les numéros de série allant
de 241 à 250, furent livrés entre juillet 1967 et octobre 1968.
À partir de 1979, ces appareils reçurent un camouflage à
deux tons gris et vert « centre Europe ».

Ci-dessus.
*Vol en patrouille serrée au-dessus de la côte d'Aquitaine des Mirage III B2
n°242 et Mirage III B n° 204 du CIFAS 328 portant leur insigne d'escadron
de taille réduite sur la dérive et équipés de réservoirs pendulaires de 625 l.*
(DR/collection H. Beaumont)

LA MISE EN SERVICE DU MIRAGE III B2 EN UNITÉS

CENTRE D'INSTRUCTION DES FORCES AÉRIENNES STRATÉGIQUES 328 « AQUITAINE » (CIFAS 328) DE BORDEAUX-MÉRIGNAC

Mirage III B2 codés : 328-DA, 328-DE, 328-DF, 328-DN,
328-DO et 328-DP.
Mirage III B2 codés à partir de 1975 : DB, DC,
DD, DE, DF, DK, DO, DP et DQ.

Ci-dessous.
*À Bordeaux-Mérignac, décollage du Mirage III B2 n°241 pour un vol
d'essais et de réception, emportant des réservoirs pendulaires de 625 l.*
(Dassault Aviation)

Ci-dessus.
Le Mirage III B2 n°247 du CIFAS 328 au roulage, avant une mission depuis Bordeaux-Mérignac. L'avion portait l'insigne de son unité sur la dérive et était équipé de réservoirs pendulaires de 625 l. (DR/collection H. Beaumont)

Ci-contre.
Configuré avec des réservoirs pendulaires de 600 l, le Mirage III B2 n°244 du CIFAS 328 au retour d'une mission, portant l'insigne de la SPA 158 de l'EC 4/11 «Jura» sur sa dérive. (DR/collection H. Beaumont)

Ci-dessous.
Le Mirage III B2 n°242 du CIFAS 328 en livrée camouflée, configuré avec des réservoirs pendulaires de 625 l. (DR/collection H. Beaumont)

Tous les Mirage III B2 furent affectés au gré de leurs livraisons au CIFAS 328 « Aquitaine », complétant ainsi le parc des Mirage III B. En juillet 1975, lors de la réorganisation du CIFAS 328 en trois escadrons, tous les Mirage III B et III B2 furent affectés à l'Escadron d'Entraînement (EE) 2/328.

En complément à la transformation opérationnelle et à l'entraînement des équipages sur avion à ailes delta, le Mirage III B2 permettait aux pilotes de se familiariser avec les procédures et avec les différentes phases du ravitaillement en vol, notamment le maintien de l'avion en position pendant la durée du transfert fictif de pétrole.

MIRAGE III B2 DÉTRUIT
Numéro : 242.

EMPORTS ET ARMEMENTS
DU MIRAGE III B2

Le Mirage III B2 était pourvu de cinq points d'emports (le point externe sous voilure étant très peu utilisé).

POINT VENTRAL
● missile air-sol Nord 5103 AS 20,
● missile air-sol Nord 5401 AS 30,
● poutre bi-bombes STRIM jusqu'à 400 kg.

POINT INTERNE SOUS VOILURE (GAUCHE ET DROIT)
Réservoir pendulaire supersonique non largable de 500 l,
● réservoir pendulaire de 625 l,
● réservoir pendulaire de 1 300 l,
● réservoir mixte GAMD JL 100 R avec lance-roquettes dans la partie avant (dix-huit roquettes SNEB de 68 mm), prolongé par un réservoir de 250 l à l'arrière.

POINT EXTERNE SOUS VOILURE (GAUCHE ET DROIT).

Pour les équipages des FAS, le ravitaillement en vol constituait un élément essentiel de la mission de frappe nucléaire assignée aux Mirage IV A des escadrons de bombardement. Ces entraînements étaient réalisés dans des conditions identiques aux missions Mirage IV A et pouvaient impliquer la participation d'avions ravitailleurs Boeing C-135F Stratotanker. L'unique différence avec une mission réelle était qu'aucun transfert de carburant n'était réalisé lors du contact de la perche avec le panier du ravitailleur. L'entrée en service opérationnel du Mirage IV P en 1986 (EB 1/91 « Gascogne » en mai et EB 2/91 « Bretagne » en décembre), nécessita que de nouveaux équipages fussent transformés sur Mirage IV P par une formation combinant des vols sur Mirage III B2, sur le Mystère XX n° 182 « Lyncée l'Argonaute », puis sur Mirage IV P.

À la dissolution du CIFAS 328, en 1991, l'EE 2/328 et l'Escadron de Reconnaissance et d'Instruction (ERI) 1/328 fusionnèrent et furent rattachés à la 91e Escadre de Bombardement qui conserva les Mirage III B2.

L'ERI 1/328 « Aquitaine » utilisa le Mirage III B2 jusqu'en 1992.

Le Mirage III B2 n°243 de l'EB 2/91 « Bretagne » portant le blason de la province sur sa dérive, configuré avec des réservoirs pendulaires de 500 l.
(DR/collection H. Beaumont)

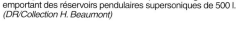

Ci-dessus.
Le Mirage III B2 de l'EC 1/13 «Artois» portant l'insigne de la SPA 160 sur sa dérive, emportant des réservoirs pendulaires supersoniques de 500 l.
(DR/Collection H. Beaumont)

Mirage III B2 codés : 13-FB, 13-FE, 13-FJ, 13-FR.

Pour accomplir sa mission de transformation opérationnelle et d'entraînement sur Mirage III et sur Mirage 5 de pilotes français et étrangers, l'escadron reçut dès 1987 des Mirage III B2 en complément de son parc de Mirage III B et BE.

L'EC 1/13 «Artois» utilisa le Mirage III B2 jusqu'en février 1992.

Ci-dessus. En vol à basse altitude, le Mirage III B2 n°245 de l'EC 1/13 «Artois» portant le «Petit Poucet» de la SPA 155 et configuré avec des réservoirs pendulaires supersoniques camouflés de 500 l.
(Dassault Aviation/E. Moreau)

Ci-dessous. À l'occasion du dernier vol sur Mirage III B2, vol en patrouille serrée des Mirage III B2 n°250, 246 et 248, tous équipés de réservoirs pendulaires supersoniques de 500 l. *(DR/collection M. Leclercq)*

ESCADRON DE BOMBARDEMENT 2/91 «BRETAGNE»

Insigne : Blason de la province.
Mirage III B2 codés : DB, DD, DE, DK, DO.

En juin 1992, l'ERI 1/328 «Aquitaine» fut dissous et ses cinq Mirage III B2 affectés à l'EB 2/91 «Bretagne» stationné sur la base de Cazaux. En complément de la mission de transformation des équipages sur Mirage IV P, les missions comprenaient pour les pilotes des vols de familiarisation à l'aile delta et de préparation aux techniques du vol de pénétration tous temps et à basse altitude. Pour les navigateurs, les vols sur Mirage III B2 servaient à la remise à niveau et au perfectionnement à la navigation vol à vue. Les Mirage III B2 furent retirés du service en septembre 1993.

L'EB 2/91 «Bretagne» utilisa le Mirage III B2 jusqu'en 1993.

ESCADRON DE CHASSE 1/13 «ARTOIS»

Insignes :
— 1re Escadrille : SPA 83 «Griffon (chimère ailée) noir sur disque rouge»,
— 2e Escadrille : SPA 100 «Hirondelle en vol cabré»,
— 3e Escadrille : SPA 160 «Diable Rouge ailé chevauchant un balai»,
— 4e Escadrille : SPA 155 «Petit Poucet chaussé des bottes de sept lieues».

Au dessus du Jura, le Mirage III C
de l'EC 2/2 « Côte d'Or » configuré
avec des réservoirs pendulaires
de 625 l. *(B. Regnier)*

REMERCIEMENTS

L'auteur tient à exprimer toute sa gratitude à Messieurs Moreau, Regnier, Rostaing, Vicel ainsi qu'à Dassault Aviation.
Mille mercis à Magali Masselin, Dominique Breffort, Nicolas Gohin et Jean-Marie Mongin.

Photo de couverture:
Le Mirage III C n° 70 de l'EC 2/10 « Seine », configuré avec des réservoirs supersoniques de 500 l et porteur sur sa dérive de l'insigne de grande taille du « Cercle de Chasse de Paris ».
(DR/collection H. Beaumont)

Profil 1re de couverture :
Mirage III B2 n° 245 de l'EC 1/13 « Artois », portant l'insigne de la SPA 160, configuré avec des réservoirs pendulaires de 500 l.

Photo de 4e de couverture:
Vol en patrouille serrée à basse altitude des avions mis en œuvre par l'ECT 2/2 « Côte-d'Or » avec, de bas en haut : le Mirage III BE n° 260, le Mirage III R n° 335 et le Mirage III B n° 222, tous configurés avec des réservoirs pendulaires supersoniques de 500 l.
(Dassault Aviation)

Profil 4e de couverture :
Mirage III R n° 304 affecté du CEAM, configuré avec des réservoirs pendulaires de 1 700 l.

Conception, création, mise en page et réalisation Dominique Breffort et Magali MASSELIN
Profils Nicolas Gohin © Histoire et Collections 2010.

SA au capital de 182 938,82 €

5, avenue de la République
F-75541 Paris Cédex 11

Tel: +33-1 40 21 18 20 / Fax: +33-1 47 00 51 11
w w w . h i s t o i r e e t c o l l e c t i o n s . f r

ISBN : 978-2-35250-090-2

Numéro d'éditeur : 35250

Dépôt légal : 2e trimestre 2010

Cet ouvrage a été conçu, composé et réalisé
par *Histoire & Collections* entièrement
sur stations informatiques intégrées.

Photogravure : *Studio A&C*

Achevé d'imprimer en avril 2010
sur les presses de *MCC GRAPHICS - ELKAR,*
Espagne, Union européenne.